15'60

Lo que tú decías
Federico Jimenez Asenjo

Colección Baños del Carmen

Federico Jiménez Asenjo

Lo que tú decías

EDICIONES VITRUVIO
Colección Baños del Carmen,
nº 1029

www.edicionesvitruvio.com

© Federico Jiménez Asenjo

Primera edición, 2025

© Ediciones Vitruvio
C/ Menorca, nº 44
28009
Madrid
Teléfono: 91 573 21 86

ediciones vitruvio, nº 1. 707
ISBN: 978-84-941460-5-3

Lo que tú decías

Grande es la espera
y más el instante que no acaba,
y largo el brazo del pescador
que arroja la tanza,
y anónima el agua que abre la boca,
la ilusión se traga.

Río de inabarcables orillas,
y la poza inexplorada,
lucio que en la oscuridad engorda
y gira,
inmersa vida,
amnesia glauca.

Pulmón yo soy que en salto acróbata
la superficie viola
porque le da la inmensa gana,
y el aire atrapa y muerde,
y al seno se lo lleva de una furia voladora
que el cielo alcanza.

Nadie estaba en ti
el día del beso,
cuando yo como limaco
o hiedra
te probé el labio con su baba.

Nadie en la garganta
ni en la expectoración extraña
que agitó la lengua fría,
estremecida,
de ostra hurtada.

Nadie estaba en ti
ni debajo del jersey
cuando aquel anónimo calor toqué,
redondo,
de piedra blanca.

Pechos sin gana ni destino,
campanas sin badajo,
insonoras,
que a nadie llaman.

No quiero nada,
no,
no querer y la luz que no hay
existe,
no,
ten esta negación que nada niega,
mi cabeza para siempre reposada
en plumas de granito y calva piedra.

No.
No.

Mi pensamiento es una blanca fumarola
que el peso del mundo pesa,
que al gas de sus orígenes se va,
grávido polvo,
como plomo de la entraña de la tierra.

De mayor voy a ser
la pena,
la pena y la risa al alimón,
y la alborozada efusión
que en la gangrena asoma.

Y tu inmenso amor de mar
que horada y deteriora,
la brava eternidad dentada
que la peña no respeta,
que torna arena la roca.

De mayor voy a ser el precipicio
y esa distancia de imanes
y de metros
que de vértigo gritan
y que flotan,

que lastrados caen en remolino,
aun voladores,
como enjambre de aves invertidas
que en abismos deseadísimos
se inmolan.

Lujuria es la palabra
que me falta,
y acariciar tu nuca aquel lugar
en que sueño que no existo.

Qué pasillos a estancias acolchadas
de ti,
de labio que no hay,
que no me has visto.

Alguna vez un dedo mío
a comisuras va de huecos y vacíos,
que son tus labios gruesos
de trufas de mocedad,
carnales higos

que habitan como fuelle
irrespirable
algún pulmón infatigable
de apnea redentora
y falso oxígeno.

Las calles por las que tú has llovido
solas,
a orilla brillan las aceras de canales,
la farola de tus ojos,
desvelada,
si mi sombra busca,
ciega la luz,
el halo insomne.

La penumbra silenciosa de esta noche
de lágrima lustrosa en los rincones,
ramas desnudas son de ausente
paseante en gabardina,
que arroja colillas de tristeza
y de nostalgia
sin ayer
en los alcorques.

Candiles junto al mar,
aguas de aceite ondean
bailarines los gasoiles.

Marinos que fuman son
del puerto en sombra
los faroles,

los pitillos las pupilas
del mirar embreado
de la noche.

La rayada camiseta
un maullar gime
nostálgico de acordeones.

Tilín, tin, clin,
balancines de latón
entrechocan los penoles.

Nadie ya conservará
aquellas señas que di,
obsoletas,
hoy borradas,
alcobas son desahuciadas
de la gloria en que viví.

Porque a esta hora precisa,
desangelada,
nadie se acuerda de mí,
a direcciones escribo,
deshabitadas,
cartas sin tinta ni fin.

No puedo dejar de pensar en ti
no es una canción,
es una orilla que poco a poco
la bruma toma
y patos que en un agua rigurosamente quieta
flotan
y se topan como boyas muertas,
y tornan
     y retornan
         y se alejan.

Es un párpado que baja general y gris,
que a todos nos acoge en su lacio
llover sin causa y sin aliento,
no puedo dejar de pensar en ti
y en la conjunción de mi sueño,
tu jersey
y aquel pecho de algodón,
triángulo perfecto.

No puedo dejar de pensar en ti era,
quizá,
la canción que en aquellas tardes de hollín,
pizarra
y lento adiós junto a la hoguera,
yo en tu oído susurraba,
tú ya fría,
yo un rescoldo de cenizas y pavesas.

Estoy esperando las brújulas que me dijiste
en lo que aún queda de la estación de autobuses,
ladrillos de extintos muros,
nido de ecos y destinos,
trasiegos que resuenan en el solar desierto
donde la espera se aburre,
donde es efímero y falaz,
porque no existe,
todo aquello que se erige y se construye.

Los arquitectos fuimos de la ciudad en ciernes,
nosotros y la juventud monoaural
que nos tocó en suerte.

Yo era las ventanas sin cristal,
que vena esperan,
tú,
de los saltadores al abismo,
con mucho y con seguetas
y navajas,
sin parangón ni asomo,
el más valiente.

Dicen que cuando preguntabas por mí
deseabas que ya no fuera,
que me hubiera muerto.
No lo creo.

Dicen que todo lo que yo era
te daba miedo.
Puede ser,
porque hicimos de los dos el beso

aquel,
   de tiempo
          y sombra
               y fundamento.

Solos estaban los niños
sin esperanza de mar.
¡Que venga el agua!
¡Que venga el agua!
decían.

Hermoso era verlos
casi sin cuerpo,
el esqueleto sucinto,
saltar y desear.

Los imitaban las olas,
ligero cabrillear.

Con las gotas de luz
me disperso,
no sé yo ya regresar.

Nadie y tú,
con la morada ausencia,
cogidos de la mano.

Nadie y la estatua del jardín,
y la hoja de parra,
que una mano sostiene con blancura prestada.

La hiedra con que una vez sellamos los ojos
para no ver nada
sino la almohadilla ácida,
azul,
de nuestros labios.

Nadie sino la lengua,
que en busca de calambres
amarillos
lamía la alambrada.

Nadie y yo,
y aquel rastro que dejaste,
de risa gris,
carreras rojas,
en los ecos que aún resuenan en el patio.

Pinto en el cielo
una palabra secreta
con bolígrafo de letra
infantil,
redondo trazo,
tilde que titubea.

Dibujo los mensajes
de críptica claridad
de la patria y risa
de los pájaros,
que mucho brillen,
que nadie entienda.

Escribo estrella
y firma
de una incógnita,
la mañana dejo
coronada,
santificada la tierra.

Se hizo la infancia con silencio
y cayó la noche,

consigo el niño estaba reunido
en el secreto del patio,

temblor de insectos que copulan,
luminosos pistilos de las calas.

La secreción se hizo santa
en torno a vincas,

malvas,
era la luz satinada de la luna,

el niño pupa,
fruición y saña.

Si me fuera este ombligo dado
como verbo
y yo dijera,
y saliera mi palabra caracola
a atrapar pájaros,
y diera con nautilos de los mares,
y el sordo eco de un naufragio.

Si yo en mi red
de pescador la luz del mundo
y arenas de pepitas que brillaran
recogiera,
una eligiera,
volara al cielo con un rastro de cometas
y relámpagos.

Si yo el timbre del acaso
con el dedo,
la beluga la diana de la inopia,
frente abombada,
si el manatí fuera a caer
indefenso en este aura
de avisos trastocados.

Si mi barco fuera el tuyo confundido,
si manso fuera nuestro Ahab dolido
y cojitranco,
y el Leviatán se dejara acariciar
la falsa furia,
      la grande pena,
            el odio blanco.

Qué solos estáis hoy,
y por qué,
y si no es mejor así.

Quién acertó de vosotros
con pedrada
al policía.

Quién detrás del muro,
quién el amo del cascote,
quién será el que desate
la trenza de las niñas.

Quién cogote y nuca,
quién rapó,
quién el negro de las uñas,
verdugones de la ortiga.

Qué solos,
si no es mejor así.

Maúllan gatos
rejones oxidados
que rasgaron
irredentas pantorrillas.

Esperarte.

Mucho.

Como un cuerpo que longitudinalmente
se ha tendido en el desierto
y ofrece a quien lo vea,
puede ser el cielo,
o bien el buitre que en su centro planea,
en el ojo la pupila,
el broncíneo moreno,
lustre bruñido,
promontorios y hondonadas que produce
el esqueleto
quieto,
cierto temblor del párpado,
o el labio,
y el correr de la sangre por la vena,
porque,
aunque imito a la piedra,
trepidantemente lato,
y estoy vivo.

Extiendo la voz como agave,
y la boca a alacranes
de nido precisados,
que atentos la examinan.

Pasos siento que al cráneo se arriman,
si son de ti,
si de la blanca flor que necesita el hueso
para ser

y en un segundo de la noche encender,
y ya apagar,
su luz efímera.

No falta nada para ti,
cresta del alba.

No falta nada para el grito,
tensa noche que dispara.

Nada para la herida,
oscuro amor de luz llagada.

El oriente rasga el sol
como flecha la diana.

Chico guapo,
y además muerto,
como guiñapo lo use,
lo agite como muñeco.

Aquí estoy,
ataviado de mortajas
en el banco del hospicio
de magnolios obsoletos.

Tengo muy buena planta,
pajaritos la descubren
hebra a hebra con esmero,
me despojan de la sábana
filamento a filamento.

Sea el chico desmayado,
sobremanera apuesto,
se enamoren las ventanas
polvorientas
de porte y desfallecimiento.

Aquí estoy,
mirándome en ningún reflejo,
cristales de opaco añico
se me clavan en el alma
con lanceta de vencejos.

Congenio con cirujanos
que me abren el cerebro,
dulce la indagación
y eléctrica,
claro clarín de los trépanos.

Guapo es el chico
en Babia,
de vaciedades perplejo,
muñeco de ausente baba,
lo sacudo y lo meneo.

No me des la razón
como al tonto
que soy,

dame hostias,
rómpeme la cara
del corazón,

dame por inútil
ya
y arrójame

a los estercoleros
de la agnóstica ciudad
de dios,

donde habitamos los subnormales
y sus cerebros,
los bestiarios floridos

de los códices miniados
y sus fiebres,
medievales somos los imbéciles

que partió
por la mitad el rayo
de la erradicación,

y subsistimos,
bajo pérgolas de paraísos
y en grata compañía

abigarrada de unicornios,

narvales caballistas
que se clavan

la imaginación absurda,
bipolar,
en la niña arrollada del ombligo.

Tú
y tu jersey rojo,
qué recuerdos.

Bajo el árbol,
tú y tu desmadejamiento y baba,
porque esperabas el beso.

Tú y tu oreja,
desprovista de oído,
que tímpano no quería,
sino el paso amortiguado de los dedos.

Las guedejas como liquen
de tu pelo,
que a celo olía,
muérdago de mi vida que desliaba yo,
pinocha del arduo lecho.

Allí nos acostábamos,
marzo sería,
si no abril,
cuando es amarillo el deshielo,
los atuendos retirados,
la adolescencia desnuda
en rubores compitiendo.

Adónde vas de mí,
con flechas,
por qué ignoto descampado y trolebuses

y a qué piezas,
antílopes de cuernos encorvados
y laúdes.

Trofeo soy de tu rodilla genuflexa
en mi pescuezo
graciosamente derribado de abedules,

prostérname ante ti con yugo impuesto,
a tu entera oscuridad entrego el halo
de este sol de ocaso y yermas luces.

Cuánto te quiero
mal,
porque soy cojo de amor,
y por los paseos del afecto
voy a tumbos y tropiezo,
muleta roma de Ahab,
que la contera malhadada
en agujeros mete de ansia
y de carcoma.

Éste es mi puente,
que sobre lomos insurgentes de cetáceos
blancos,
inmensos,
en delirios se estremece
y vórtice de olas.

Dame el elixir y la copa,
la punta del arpón en vena y boca

y ahógame,
así la larva bulle en llaga purulenta
de infecta sopa,
sea yo el caldo de cultivo,
chapoteo de linfas y bazofias.

Cuánto,
cuánto te deseo mal,
sin norte establecido ni rosa
de los vientos ni astros en los labios
ni orto
        ni estro
              ni estrábico extravío

en universos
            tuyos,
            míos,
que hemos todavía de crear,
abdomen con abdomen
en mutua peristalsis acuciosa,
la extrema extremaunción,
la falsa compleción definitiva,
uno del otro propulsados,
tullidos,
borracha aguja,
brújula rota.

Nostalgia de los osos

I

Soy el osito manso
en madrigueras
que no ve,
pigargo sin barracudas.

Majestuoso como es,
rendirá a los océanos
la hermosa envergadura.

Porque está el mar lleno de barcos y cuchillas,
así es el hombre,
el navegante siembraminas de extenso tufo,
ubicuo hálito,
y todo queda lisiado en su amplia estela,
menos la usura.

Esplendorosa ave es la angustia
de los cielos,
y esa penuria
que al blanco osito
en su glaucoma acucia.

Ya no hay focas,
no hay sardinas,
ni aquel edén lleno de mamas
y penes efusivos
y ebullentes vaginas,
sino cavidades vaciadas,
bodegas desabastecidas,
úteros sin eco y una inmensa cagarruta

que arrasa meridianos,
paralelos extermina.

II

Ay, ay, ay,
recordar cómo jugábamos,
como focas llenas de manos palmeadas
y lustrosa adiposidad almacenada
que entonces convenía,

aun sin pelotas,
porque éramos entonces la brava
natura abandonada con su frío
e intemperie
a la ventisca.

Y aquí y allá mirábamos,
pestaña hirsuta,
seguros de que era la soledad segura,
y no celaba la guadaña violadora
en la banquisa.

Adónde has ido a llorar,
que no te he visto,
que no te he escuchado,
en qué aledaño o soledad,
a qué balcón de los desgarros,
con esta helada,
en esta tensa oscuridad de hombro falto.

A qué tímpano de sorda estrella
en la ventana absorta,
alféizar raso,
regazo el barrio extravertido,
los gritos como ombligo y soga
devanada
de anónimo nonato.

Refúgiate en mi temor
y come de mi espanto,
niño de los recogimientos,
larva mía,
cáncer de amor
en mi regazo.

Ven a mí con rádula
y fruición,
yo soy tu pábulo,
acurrúcate en mi perdición,
mi mordisquito leve,
mi gusanito malo.

Todos los borrachos del mundo
unidos por la misma carcajada
como pájaros
que de las encías del cielo oscuro
se desprenden

y desdentan,
lluvia mellada de estrellas.

Todos los borrachos del mundo
en la misma noche
como una fulgurante diadema
de blanca tristeza
que el orbe ciñe,

cómo corren bulliciosos los orines
a colmar de ilusiones la atarjea.

Luz de una risa te estalló
en la bendita cara,

que es la de mi adoración
por la mañana,

cuando sé que al mundo
la redención le falta.

Cuando sé que al mundo,

yo a tu dolor
de luminosa metralla.

Ríe,
destrozo de mi vida,
puñalito del alma.

Piensa en mí cuando tú quieras,
cuando el paso se haga huella,
cuando este mundo de fósiles
nos acoja y tenga en cuenta.

Descíframe entonces poco a poco
con infantil,
menuda paciencia,
saboréame como el tiempo a la arcilla
en los cañones,
donde se estudian las eras.

Imagínate a mí país,
sustratos sean tus deseos reposados
en el poso de los polvos de la tierra.

Estás loco,
mi amor sin cuerpo,
flequillo que por el universo todo
vaga en busca de la frente,
cachorrito sin correa
que malduerme,
libre y solo.

¡Ay,
quién mordiera el cabo
y la atadura,
corderito sin lana,
mama del lobo!

Mi amor yace hecho trizas
a la vera del vertedero,
donde honor le hacen los perros
que la viva escoria apartan
del rescoldo sin aliento.

Allí la avenida fogosa
de mi vena y sus apremios,
que se pierde desangrada
en estériles calveros.

Yo por la sangre lo dejé todo,
tu amor,
mi segundo y joya,
la floración de mi tiempo,
el norte de los sentidos,
el camino de regreso.

Seré yo el que te traiga a los sitios,
te arranque del marasmo
y te suba al tiempo
con su noria,
con su vértigo y juventud,
y con su hora.

Seré yo el que te traiga a ser
con colosal succión
e imperativa trompa,
fórceps de tu duda y recelo,
vórtice abdominal,
fenomenal ventosa.

Yo el beso indomeñable que te roba,
tiranía dolorosa
que te arranca de la noche,
a ser te arroja,
la gloria de la carne y su verbena,
que el alba aborta.

En tu cicatriz habito,
como gozo y tajo y recuerdo,
yo todo una línea de llaga
y relieve manso ahora
que fue de furia
y desavío.

Corteza,
certeza mía,
perdóname mi filo
y lasca y faca
y daga,
y el ofuscado cuchillo.

Así somos los afligidos,
que el dolor añoramos,
que buscamos,
madre fundamental,
aquella fusta cariciosa
de la corva y el castigo.

Cuentos pequeños

1- De la mujer que ya no sabe

La mujer,
que más que deposita tira
el bolso sobre la mesa,
extrae un cigarrillo,
se lo echa a los labios
al tiempo que alza la cabeza
y aparta la mirada a un sinfín de calles
que cierto rumor indefinible transita,
el bolso un saco de desaires,
un despecho el cigarrillo,
un ascua el labio.

Si no fuera porque es fuerte,
porque toma medidas en cada uno de los gestos,
que son pretiles y baluartes,
ahora mismo,
como dique que se rinde,
lloraría.

Como quien destruye toda la ciudad
que ha edificado,
barre de un manotazo las fichas todas
que ha dispuesto en el tablero,
da un fiero puntapié al único ser que quiere
y que la atiende,
que es el gato.

La mujer,
que ya no sabe ser lo que le ha tocado,
pediría un beso de mordiscos a cualquiera

48

ahora mismo,
desgarrando páginas pautadas,
rompiendo tiestos.

Se llevaría al joven camarero en rauda vespa
de liberación
y de un empujón de alas robadas
lo arrojaría,
blancos acantilados de Dóver,
como mod al vertedero.

Nota: El camarero es un mocito bisoño, pero posee muñecas atractivas que hacen juego con la sonrisa, inocente y torpe, de labio adolescente.

La mujer, que no es mayor todavía, ferozmente es hoy consciente del todavía, y está bella de furia, resuelta a usar el fórceps que desencadene, por una vez, lo que aún queda de vida.

3- De los semáforos en rojo

Camino de los semáforos en rojo,
todo hacia abajo,
sin mirar adelante nos besamos,
nerviosa la mano en el embrague,
no hay tiempo,
me dices,
potros inquietos que piafan esperando.

No,
   no,
en punto muerto,
mi amor,
en inercia al precipicio resbalando,
locura de la vida rota

49

en los asfaltos.

Está la luz del día en gran euforia
de cielos y de ailantos
y gente en pasos cebra recién pintados,
a los Beatles se parecen,
Abbey Road,
cuando eran cuatro.

Asesino soy de risa punk,
ángel urbano,
   ¡Sigue,
      sigue,
         descontrola!
me aguijabas,
por ver los cráneos abrirse
al topar los encintados.

Barandas de metal cruzamos
sin traba ni cinto ni obstáculo,
velocidad azul de los cristales
nos bautiza la frente,
bendice la sangre redentora
el parabrisas cuarteado.

Los dientes sonrientes aún muerden,
lúcidos de edad y ardor temprano,
sin orden por la calle en desbandada,
cuentas sin sarta,
ladra que ladra
ante el niño que ya atiende sin condón
ni bozales ni pretiles copulando.

4- De la insinuación

Qué triste estabas en tu frente,
tomando una copa innecesaria,
a la que yo te invitaba,
lleno de cejas y de acasos.

Contándome con cierta languidez
del hombre renuentemente rasurado
tus derrotas,
     si eres ciervo,
     lirio tronchado.

Chupabas el limón,
yo me fijé en la noche
exuberantemente herida
de tus labios.

¡Pero qué me estás diciendo!
respondí,
cierta indagación en los espejos,
la mirada perdidamente al sesgo,
probablemente buscando los lavabos.

13- Del chico que me gustaba

Era un chico que me abría la vulva
sólo con verle,
todos los poros con su sonrisa
de inerte urgencia,
de yerta prisa.

También el futuro,
la luz que una en su seno encierra,
como útero-cáliz,
de toda vida,
flor de vagina.

Era un chico que me hacía correr a la calle
insensatamente alborozada,
tropezándome con la hora ceñida,
el sostén nuevo,
desbocada la alegría.

Inundaba yo después la conversación
tormentosa-atormentada
con la amiga,
pepitas de oro desgranando,
preñadas pipas.

Era un chico lacio,
proclive y muerto,
confuso bozo de bigote en ciernes
y tierno asomo de espinilla
que sonreía,
        y sonreía,
                y sonreía
como ciervo-manso-lirio,
ojos de inmensa boca agua
de lustrado atardecer
y maravilla.

Un día le toqué,
un día le tomé la muñeca y el pulso
y se volvió:

No me veía.

Hoy no puedo acompañarte
adonde tú vas.

Con estos ojos de sangre,
mirando adonde el mundo acaba,
confín de este río quieto,
absorta impávida madera,
silencio del pantalán.

Mirando adonde ya nada se deja mirar,
luminoso y vaciado,
si hubo velas,
si estelas,
aves airosas que aprendían a volar.

Allí,
hoy,
álamo que pierde la hoja,
lágrima que unge los campos,
nadie la llora,
no te puedo acompañar.

Atiéndeme,
hora lata,
que por el declive herboso
la orilla alcanza

y dime,
con tu palabra de vuelo
que se cierne,
y quieta ala,

si es éste el momento
y eje,
si la vela sin el viento,
que descansa,

si éste es el quicio y luz
y la ceguera santa
de la vida detenida,
el cabo que se desata.

Yo hago pis como los perros,
levantando el alma.

Así voy hacia los árboles,
como novia blanca.

Farolas de París Brassaï
fotografiaba.

De noche,
con bruma,

cuando,
el bullicio retirado,

a pasear salen las pisadas.

A mí no me importa,
tú tienes el camino libre
hacia el dolor,
franqueada la cancela
y los portones.

Como caballo que brilla corre,
derrama bayo y alazán
y rojo,
ocres del barro y de la luz,
tus térreos colores,

como una crin que chilla,
como un ollar abierto al mundo
rápido
que acuciado respira
una cerca de cactos y de coces.

A mí no me importa,
siendo tú veloz,
que las amarras te cortes,
que me abortes a cizallas
esta vida y sus pulmones.

Hola,
amor de los días,
luminoso pescuezo,
omóplato de arcilla.

Hola,
que no te humillen,
cogote de las corolas,
cerviz que la luz convoca,
que conjura maravillas.

Hola,
nuca de mi predilección sombría,
que no te arredren,
que no te callen,
virgen,
montaraz,
hermosísima alegría.

Tranquilo,
niño,
no vivas todavía.

No están hechas las cebras,
no las norias,
ni África,
ni el libre aro de hojalata
que a los albures dirijas.

Ni el barro,
ni la carcajada franca
de los inmensos dientes del barrio
agraz,
estrellas a la deriva.

¡Ay,
Perseidas tuyas,
la noche mía!

Detente ahí,
antes de ser,
que encargue a arquitectos hipopótamos
el avestruz de la risa.

Ponme quieto
donde se agita el movimiento,
juvenil onda
y desasosiego.

Ponme en la vibración sutil
un poco,
que el mimbre sienta
y vaivenir ligero.

Ponme ala,
membrana e insecto,
el aire y la luz,
lo absolutamente nada,
la transparencia y deseo.

Vertical ponme
y cara al cielo,
como se hizo el tótem,
los obeliscos se hicieron,

así mi uretra exploradora,
embriagadamente surtidora,
que apunta loca al universo.

A mi casa de la loma sola,
en torno los ajenos vergeles
y el camino
que avatares rondan,
mariposas sin flor,
perrillos fieles.

A mi casa del pomar
y mocedades,
en torno al pozo
ociosos holgares,
jolgorio de la cadena,
hiedra de los brocales.

Casa sin vecindad,
sino el jilguero que ríe
multicolor alboroto.

Trinos son de aquella dicha,
ligero solaz cristalino
que aún bendice aquellos sotos.

Tumultuosas multitudes
y tropeles
cuando abrí la puerta,
un torete que a la dehesa salía sin cuerno
derrotando al aire leve,
mariposeo sin flor,
cabrita imberbe.

Cuando la cancela abrí un turbión y tolvanera
de alcatraces,
de fulmares y petreles,
y un volandero vendaval que en volandas
y andas ligero me llevó,
como al diestro la punzada de la luz
le abre el vientre.

Solo de soledad propicia miraba el pino,
miraba luego,
separándola,
la roca,
luego,
muy apartado,
conciso,
el cielo.

Que si acaso se toquen,
topen,
no se mezclen,
no sean vecinos ni compañeros,
no confundan vibraciones,
no se arrimen ni conozcan,
no jamás compongan rompecabezas completo.

Miraba mi alma y ser
y mi latido,
mi confusión,
mi sangre y vello.

No convengan,
no confluyan,
no se adunen,
que discurran por canales paralelos.

No,
no,
más distantes,
más remotos,
mensajeros de noticias divergentes
en el caos de la historia de mi cuerpo.

Qué loco eras,
me acuerdo,
cuando de las gotas del agua santa,
como del puro sol,
librabas,
   perruno,
      el flequillo.

Qué joven e impulsivo
y de cachorros
recién liberado impetuoso
hombro y risa y gozo sacudías,
levedad y nada y todo
y guiño

que con el tiempo,
como todo tiburón
y a fuerza de veranos y de encías,
tan próximas,
se iría volviendo herida y gana,
esa nostalgia
que amargamente afila los cuchillos.

No,
ya no hay jardines de la soltera prestancia,
jovial apostura,
no muchachas que hacendosas planchan
la caca de los demás,
la ajena arruga.

Ya no hay la elegante holgura
de entonces,
pazos del Ulla,
no mandiles ni nodrizas,
no los muros ni camelias
de las riberas del Umia.

No la fronda prohibida
ni la procaz espesura
de la promiscua magnolia,
de la odalisca datura.

A decirte lo que esperas vengo,
por encintados equilibrista
alegre,

señor del día con globos de colores
y ladridos
de cachorros que huelgan inconscientes,

a retirarte penas y flequillos
y arañas
de la mente.

Ven conmigo como a un puente
desde el que a nada
arrojar el peso inerte,

alas nos asistirán,
hurtados al vacío ascenderemos
de mano providente.

Arroyo del abroñigal,
confundida a nuestros pies
culebrea la vida con la muerte.

Hiroshima mon amour
qué era,
si una película,
si un beso sangrante,
la depravada caricia.

No me acuerdo,
habíamos fumado,
sólo considerábamos entonces
la delicia de los pechos,
el sorprendente ombligo,
tan mocito,
aún sin pelo.

Qué jóvenes éramos,
todavía sin mondar,
todo vigor y gracia,
sonrisa lacia,
falso desfallecimiento.

Qué era entonces el pecado,
sino un rumbo,
un rumor,
un plato de cerezas rojas,
un feliz descubrimiento.

Y el mordernos gratamente
todo aquello que allí hallábamos,
agraz,
granado,
qué igual nos daba,
tan delgados,
pletórico era lo exiguo,

el puro hueso nuestro
redención y paraíso.

Solo y contumaz,
a mi manera,
por los tesos silbo
y cañavera.

Vestido el peto,
zahorí de los pájaros,
airoso de mí
por la vereda

y hacia el cielo,
de los soles se enamora
mi sombrero,
y la sombra que proyecto es andariega.

Solo y sin compañía,
y después solo,
al recodo voy silbando,
y a la revuelta

el eco escucho
de otro yo,
pertinaz,
que me contesta.

Si por mí fuera,
el abrazo y el calor
de otra manera serían.

Al decimonónico jardín yo iba
en fotografías sepia contigo,
de la guirnalda florida.

Mamposterías de Italia al mar
se asomaban
en jónicos mediodías.

Si por mí fuera,
agave agraz,
velas egipcias.

Hoeden finds Heaven
in Taormina

Silencios del mar entre tú y yo,
juegan las miradas a paralelas
que al final,
como dos pájaros casados,
convergen.

En la isla que se va,
en el trasatlántico que pasa,
en la luz roja que se apaga,
es el ocaso,
la hora que se disuelve.

Ola del mar entre tú y yo,
dame la mano,
brisa del mar que se levanta y viene,
mi corazón conturba,
tu pelo mece.

Qué risa me da de ti,
cuando dices bromas
que no duelen.

Me revuelves el pelo
y perdonas,
qué niño eres,

aliviada,
porque lanzo pullas
que no hieren.

Qué bien me lo haces pasar,
-aquí me abrazas-
qué tonto eres.

Tardes de nuestra suerte,
nada tenemos,
somos valientes.

-No en saviem res,
teniem quinze anys-

71

Si yo te hubiera visto antes,
debajo de la tierra,
detrás del cielo,
si hubiéramos sido astros
de un universo pequeño.

Si a mi mano tu mano adjudicado
en la ronda y baile,
qué guirnalda nuestro aire
en los salones,
qué danzantes vértigos los nuestros.

Si en un jardín de cenadores
y pérgolas yo el cisne,
si tú la curva sinuosa,
interrogante,
de mi cuello.

Y entonces qué le dijiste.

Sé feliz,
le dije,
porque yo entonces estaba loco,
eran mis amigos los cerros y sus cimas,
y yo en las cúspides vivía,
ataviado de astros,
como la noche.

Y qué le dijiste entonces.

Ven con tus tiendas,
ven con tus ojos a mirar conmigo,
panteras de las nieves,
ven a lo que no puede ser en vivaces aristas,
ojos del ocelote.

Ven como si fuéramos a mundos
que nos esperan,
yo me pido los confines,
a ti te concedo los orbes.

Yo confundido en ti,
y tú una sección mía,
así íbamos en compartido cohete
hacia lo alto,
diseminando estrellas.

Así ascendíamos,
todo incendiado cometa
feliz
y alborozado bólido
en busca de las esferas.

Así nuestra elegante progenie,
negra y flexible,
ven como si fuéramos,
se nos habrá anunciado,
a mundos que nos esperan.

I

Yo no te quiero nunca,
sino a veces,
como es la vida,
un poco sesgada y a hermosos ratos,
y quién los retuviera,
y el humilde tocadiscos
perpetuamente estropeado,
y quién lo fuera.

Yo era monoaural,
y de un solo surco interminable
al término del cual ponía,
indefectiblemente,
Lennon & McCartney,
Strawberry Fields Forever.

Si después como entonces fuimos felices,
tú dímelo,
si después del vinilo exiguo existe
adolescencia y paraíso,
caspa,
espinillas,

mirarse obsesivamente en el espejo,
el vello posible en general,
por si creciera,
tú dímelo,
la incipiente mía,
que venga yo a ti como un ser nuevo,
así solíamos.

Yo vigilaba el bigote,

receloso,
tú,
como una diosa,
frente al futuro te depilabas las axilas,
el futuro arrodillado,
tú en tronos de papel,
radiantemente pasajera,
mi sempiterna Afrodita.

II

He dormido mal,
eran sueños de falta y pena.

Tu cara joven,
que hubo un día,
a la que hoy me invento superpuesta,
un atisbo de tu vello,
que adoré,
de tu sonrisa morena.

Tú me mirabas como ciervo,
cierva,
a tu manera vegetal,
esbelto ailanto,
vigorosa madreselva.

Yo fui a ti todo vida indecidida,
como quien a la garganta va del universo,
la sangre obvia,
la inmensidad del destrozo
en alféizares de mocedad
palpitantemente expuesta.

Fue en un guateque inmemorial cuando yo,
rozándome con qué,
aquel atisbo de caderas,
qué niño el pubis,
te dije…

Lo que los Beatles decían,
los Tremeloes,
los Kinks decían.

Bailando estuve con Lola,
turned a whiter shade of pale,
Ruby Tuesday,
hilo de seda.

Era un tiempo de flequillos y piscinas.

Eran tiernos,
todavía,
los sesenta.

Cuadernos de Lov y Luv

I

Luv,
  Lov,
moríos,
ya,
como el nácar,
como los pedazos de conchas trituradas,
quién las pisó,
si el tiempo,
si la niña malvadamente descalza
de un reloj de mares que ahora sí,
ahora no,
las focas alimenta,
ballenas vara.

Lov,
  Luv,
idos como el suspiro,
como pompas que se extinguen,
como una ola,
luego otra,
calcáreamente exponen sus finales encajes
en la playa.

Recogedor soy yo de los sueños
de caracolas blancas que autosuenan,
oído del oído,
como a sí se busca el universo
refrotando el tiempo con la nada.

II

Lov dónde estaba,
el cazador,
de la canana cruzada
y cincha esbelta.

Y Luv,
el tigre escueto de la nociva raya
acechadora,
subrepticiamente agazapado
entre las cañas.

Qué es este juego,
aljaba y tahalí de cinta estrecha.

¡Qué salto de la sangre
a la garganta,
qué vena fina,
qué flecha rauda!

III

Lov a qué fue a los filos,
Luv de la hoja,
amoladores.

A qué fueron con la chaira,
pulidores del son que el filo rasa
de la desnuda noche

y lirio
que desvela la negrura,
que degüella los albores.

IV

¿Y Luv dónde estaba,
sin peso,
o con poco,
en este torbellino y paso del agua
acelerada de los siglos?

¿Y la mordedura de Lov en tarascada
al aire y los azares,
flecha huérfana que a los vientres va enamorada
de la inútil diana del ombligo,

en qué empeñada
sino en desbaratar universos,
reducir a fuego extinguible el hueso
y el paso del destino?

Allí se encuentran,
donde el cieno sangra,
brava porfía en el ribazo del éter,
muerde la víscera la entraña del colmillo.

Adónde mirar,
niño de los desperfectos,

a qué lujo de cielos quebrantados
y cristales del destrozo,

Santo Niño del Desvarío Bueno.

A qué loco girar de férreas vías
de hierro fiero,

mi buen infante y cervatillo,
roto el destino,

sin avío y sin remedio.

Así es mi vida,
me decías,
mozos garridos hacia ocasos,
camisetas relativamente retiradas
que anuncian senos,
pezón prometen,
ombligos que relumbran
en planos vientres de doncellas
sin reparo,
buena parte de ellas,
el reverso de las flores,
la cara oculta de la hiedra especialmente,
de un semen indeciso irrigadas
de muchachos.

Ésta es mi vida,
me decías,
pronunciados hombros,
esqueleto desacostumbrado,
costillas de la tierra misma,
suspiros de un alma-tráquea
que todo ángel despierta,
conturba todo sustrato.

Felices frentes,
úteros en un silencio vaginal
completa,
colosalmente trompeteados,
lozanía del recreo
que por imprevistos horizontes va
como mamas embriagadas rebotando.

Ésa es mi vida,

me decías,
la voz convertida en un susurro
salivoso
de babosas suculentas
en los labios.

Nadie sabe de ti ni de mí,
pero a rebato tocamos las campanas,
anunciándonos,
abdómenes de la extenuación,
fervorosos diapasones.

Si no,
quién lo iba a hacer,
quién se iba a ocupar de este silencio
en este mundo sordo,
dolorido de atenciones.

De nuestra dicha
desgarrada nadie sabe,
ni de estos ojos
que los hongos han tomado,
de las borrosas visiones.

Quién nos iba a salvar del desaviso
y cruel anonimato,
embudo que todo traga,
pepita del excremento,
sin distinciones.

Y adónde vais ahora,
los afortunados de mi elevado vientre
que expectoré sin mí,
y a descubrir qué de otros mundos y a morir,
tan jóvenes y desvalidos,
¡ay, niños míos!
en arduas exploraciones.

Ciervas de las empalizadas,

las vencidas,
y los incautos hermosos,
con qué cuernos y a qué nadas,
y alados de qué peso vigilantes,
que a la tierra celosa os sujetan,
varan,
que no permite gracias,
ni venias,
ni traiciones.

Mándame noticias de allí,
las remeras estragadas,
cuando con las aves llegues.

Quilla del esternón astillada
de las inercias contrarias,
de los vientos inclementes,
cuando exhausto te reclame,
riguroso,
el accidente.

Mándame una noticia sola,
la esperada y suficiente:

Que burlaste al enemigo,
que vives para contarlo,
que en aquella tierra ignota
se te asiste como en ésta,
se te cuida y se te atiende.

Tú de mí no sabes nada,
y yo te lo reprocho,
mi ignorante favorito.

Pódame la cruz del esternón
y cae
sobre mi desolado desierto
de zarzas,
precipitado meteorito,
y quémame la broza
                y brizna
                    y vello
tú que por malezas pasas,
incendiario cigarrillo.

Seme el verme raedor que mina el pecho,
y el zapador elegido,
y arranca los diamantes de la sangre refugiada
que tú enciendes,
despides a esta noche de pavesa universal
y llameantes detritos.

Dame una tristeza gorda
blanda,
que parezca una paloma,
la herida de la perca
en la punta del anzuelo.

Un malestar poco agraciado,
redondo,
pesadamente ligero y sin futuro,
como una pluma desechada o pena
que sumisamente se dirige al sumidero.

Quiero salvarte,
quiero venirme a ti como al espejo,
despegarte del asfalto voraz
y hacerte volar sin fin
hacia los cielos.

Yo natatoria vejiga,
el fuelle de los vientos,
me eleves tú con tu sangre
de arcángela sin útero
librada de la hez y el excremento.

No verte,
porque no tengo ojos
ni resto de pupilas,
devolver la vista a la luz y rendirme,
no ser ya nunca más el hijo del asombro
y contemplarte,
destrozo de cegueras que rebrillan.

No tener rodilla,
no poder postrarme,
renunciar a los hinojos
y entregarme,
no balbucir,
no decir
porque eres tú la gloria de los días.

Arrojarme infantilmente
al tartamudo sentido de escupirte,
vomitar,
acelerar la amputación de ti,
que en mí medras como un cáncer poderoso
de esperanza,
un tumor de naufragios salvavidas.

E qué faréi contigo,
meu amor,
na inconmensurable desfeita,
na velocidade irrespetuosa,
súpeta,
que de este xeito solar,
aventado,
desarbora e despeitea.

E qué faréi,
a miña grande forza
dos orfos lobos sen nai,
nin loba
nin teta.

Qué faréi contigo
no vasto páramo das nosas cousas segredas
que xa afloran,
meu pulo,
meu despullare,
neste país de puxantes agromares
sen fin
que nos axexan.

Tranquilo,
meu,
e pousa.

Ven non ser
            e esvarar,
ser pouco,
estar a medias
            ou de esguello
coas cousas.

Tocar
e non tocar,
e arresender apenas,
como din que pola noite
morren as rosas.

A modo vai
e de vaghare,
e moito acougha.

Achéghanse as beiras do alén
a nós,
descoida e desamarra,
meu,
date á onda.

Circunstancias de la pasión
me prohibieron hoy mirarte,
pero no cejo,
y acecho,
y sin saber qué exactamente,
de pretenderte,
como las santas,
alanceadamente muero.

Místico de ti en mí me encierro
y me inmolo dulcemente,
llaga todo yo y úlcera,
sobre la que pólvora espolvoreo
de alto amor y prendo llama,
aliento fuegos.

Ay,
niña mía de pezones semiexpuestos,
que si la blusa resbala,
que si no aguanta el lienzo,
yo en mis raptos a dios pretendo,
qué es este arrobo sin pulmón,
a las glorias del botón
la punta y yema de mis dedos.

Hoguera,
hoguera,
sea éste mi destino hoy corto,
hoguera desmandada y crepitar,
lujo de los tormentos,
cerilla tú de mí,
yo nada sino el humo que dejan tras de sí,
victoriosos,
los incendios.

Y tú por qué sufres por mí,
mi hallazgo,
si yo no existo.

Si yo voy con las aplanadoras por la tierra
que tú hirsuta conociste,
plantando nadas.

Por qué tú,
con tu escritura adolescente-imbécil
imbécilmente joven dices
que me amas.

El que tiernamente insiste en ser,
adónde vas,
adelante por la absurda imagen de mi cuerpo
dolosamente convencido
de que en estos ojos que veneras hay mirada,

de que tú algún día serás yo,
de que yo quiero ser tú,
mi cervatillo superado,
mi entraña tierna,
mi tierra extraña.

Circular por dentro de la carne de ti
como en nave esbelta va el bisturí
que en dos sajan la espesa oscuridad
nonata del universo y descubrir

nada. Indagar como el verme de los faros
que luces tiene en la cabeza y rayo
de alumbrar la fosca inopia e ignoto
viaje sideral en silencio de los astros.

Tenerte aquí a mi lado en interiores
como en pulmones-alvéolo las flores
se abren y un aire escaso emanan
a la terca sangre imbécil del que es joven.

Te calzaba el pecho como gran gota
de leche,
pesada,
gustosa,
la mama de la hermana,
la ubre de la novia,
mamífera paloma.

Como blanda tinaja dúctil yo la buena bolsa
tanteaba,
aún protegida,
oculta en forros,
de tú le hablaba luego y convencía,
y desnudaba.

Como pájaro herido en el cuenco de la palma
la acogía y abarcaba,
así se sanan las tristezas,
fiebres de pluma,
y a volar al cielo
en radiante catapulta la arrojaba.

Como exceso de humores,
secreción nupcial de novia y savia
sinovial
en el seno te escribía imberbe carta.

Al pezón me iba yo con rúbrica
libidinosa,
voluptuosa de bisoñas ternuras ñoñas,
niñas,
la tinta incontinente
debruzadamente derramada.

Salvaba el botón,
no obstante,
en finta delicada,
y escribía en la corona la deleble firma
y olvidable
con tinta aguada.

Ay,
párvula baba analfabeta,
jugo de larva,
saliva el semen se me hacía y sobre seda
y satén en frezas se vertía
y sutil lodo,
tartamuda la efusión,
staccato la palabra.

Los grandes,
adónde vais,
por las aceras los barbados,
a diestra y siniestra mirando,
la gloria de los semáforos.

Chicas como libélulas
a la luz de la mañana pasan volando,
polen inquieto,
hijas de los vilanos,
polución alada en la enramada
arbórea,
delicuescente,
de los álamos.

Adónde los enormes,
que no cabéis,
calzada es sucinta y justa,
para cintura exigua,
el hombro ancho.

Giraos,
volveos,
los airosos,
los bien plantados,
allá van los autobuses a vuestro ventral estómago
radiante,
escaparates de dientes sonríen,
espléndidos,
mandíbula de la ciudad,
bruñidos parachoques,
mentón cromado.

Volveos,
cerviz del administrativo joven,
grácil bancario,
silbato animoso,
obsoleto remolino del antiguo guardia urbano.

Adónde vais,
vertiginosas muchachas de la prisa,
lastres livianos,
bamboleantes los pechitos como frutas,
revoltosas chirimoyas,
cachorrillas pesas bajo blusas
de una cita,
de una hora perentoria,
loca,
   breve,
      que ya expira,
campanillas son de euforia
que repican sin badajo.

Todos los santos,
todas las vírgenes,
todas las vulvas hechas yo,
el deseoso,
        el bivalvo,
 el ansioso que palpita.

Ojival es,
cuando grita,
el labio de la herida.

Toda mi menstruación viril,
pequeña,
a lo largo de la infancia sospechada,
presentida.

Todo mi exhaustivo clítoris que decía,
toda mi vocalización,
salivación,
toda mi ansia plasmada en glotis,
vahos,
    visiones,
            vaselinas.

¡Mamá!

Cuando yo en el lecho expectoraba,
tanto sudaba,
enamorado de la fiebre,
¡Vicks Vaporub!
las marismas de Jaipur adivinaba
e intuía.

Temperatura es la hora y diapasón,
trompetas son que claman
y trepidan,
viceversamente disonantes,
la bocina de los penes,
el címbalo de la vagina.

Para Sofía

No tengo palabras para los pájaros
de ti en pleno vuelo

de un dolor de primavera
que te eleva.

No tengo asombro ni abrasión
ni lengua
del camaleón que atrapa
el ámbar de la estratosfera.

No tengo dicha ni lujo ni pasión
que a ti te alcance,
meteoro de rotas constelaciones
locas por el espacio,
espina de las estrellas.

No tengo la dicción precisa
ni imaginación deslumbradora
que en el jardín de la luciérnaga
a ti te ensarte,
no la trompa lepidóptera
que de los cálices sellados roba
la rabia y néctar.

Salabardero soy mayor
que te busca bivalvo
entre las rocas,
palpo ciego de las olas voy
en gran tentáculo,
rozando la orla de una risa,
tocando el fondo de altas bóvedas.

101

Porque me lo pedía el dedo,
un paseo por tu medida y trecho,
donde suelta le diera y gozo,
y regalara recreo.

Que yo no quería,
sino la palma extraviada del anhelo,
y este labio azaroso,
cachorrillo sin reposo de los besos.

Que la cinta desatara y la correa,
y sobre el campo dilatado de los días,
los solaces permitiera,
procurara los consuelos.

Como loca perdiz
por los barbechos
mi espanto y gozo
y mi zigzag
que no halla asueto

ni reposo,
como liebre asaltada
a la carrera
y quiebros
y retozos,

como alondra
del deseo que pinza
y roba,
cascarita abandonada
de los huevos.

Cuadernos de Lov y Luv

V

Lov
a la revuelta de Luv
encontraba las escápulas,
eran simétricas
y pronunciadas.

Luv a la vuelta de Lov
y sus recodos.

Tócame los ombligos,
donde se enciende,
se apaga,
se oculta todo.

Del robledal la agalla,
del lodazal los lodos,
comadreja en madriguera,
en la lobera los lobos.

VI

Lov,
de los días,
en qué rama,
y por qué el capullo de Luv en la mañana
fría del esplendor,
y entre los dos,
de hielo y sol,

este ímpetu imparable de brote y caña.

A qué se debe,
la boda y grito,
este vivo despullar
y la proclama.

Si el mundo ya perece,
o nace,
este SOS de dónde,
qué urgencia y aviso,
Luv,
    Lov,
y el hermoso desgarrar
del que ya acaba.

            *

Venid a la muerte
y al principio,
Luv,
    Lov,
idéntico atavío,
la misma gana.

VII

Luv estaba absolutamente desmembrado
y despiezado,
de modo que bien se separaban
los deltoides de los hombros,
del torso los serratos,
de los oblicuos el gozo.

Qué así andas,
así lo dijo Lov,
el sorprendido,
cuando del campo vino
y halló el destrozo.

No dijo más,
y se dispuso a la restauración,
ensamblaje y acomodo.

Otra vez avisa,
reconvenía,
y Luv sonreía entero,
probándose los miembros y las partes,
desentrenado aún,
como Pinocho.

VIII

Lov qué le dijo a Luv
el día de la boda.

Mira a la novia,
mira los besos,
mira las ánforas de Caná,
vinos que en el rincón reposan.

Mira los talles
y las ajorcas,

las arracadas mira,
repuso Luv,
mira los vientres,
joijá,
de media luna,

de media luna tinas
que allí rezuman,
la carne oscura,
la panza oronda.

El oncólogo era mi amigo,
con sus diagnósticos,
con sus aciertos.

Yo en tus camillas me tendía entontecido,
porque me gaseabas dulcemente,
quirófano de mi contento.

Ven,
fulgurante y máscara
y sonrisa adivinada,
a mi entresijo podrido
y alumbrado recoveco.

Note yo el tacto tuyo
y bisturí,
temores de los tumores,
manzana del gran secreto.

El día en que yo te quise un poco
y las campanas sonaron,
y los gazapos cojos
corrían impares por el campo,
llenos de lobos,

llenos de águilas y de milanos,
dísonas risas,
dicha
   y salto
       y beso
de alegre labio leporino,
dulce amor mixomatoso.

A que no,
amor mío,
a que tú no me conoces,
a que noticia no tienes,
a que te vence el extravío.

Ven a mí,
distancia y alejamiento,
desnucada nuca en frontispicio,
ven como los huevos
que el vencejo en balde pone,
masculino,
en el vacío.

Ven como esa precipitación
sin útero verdadero
ni verdadero sentido,
embudo de mi silencio,
desgañitar del mudo
romperse de un dolor
abdominal
en alaridos.

Tranquilízame,
con agujas,
con punciones,
con espadas.

Yo soy la infiltración
del hada blanca
venida de la química redonda,
nuestra ancestral hermana.

Inocúlame el superior estrato
exterior y niebla,
la risa que titubea modosa,
la mansa gasa.

Quítame en grata hora
los ojos y los párpados,
y el seso déjame,
la nube intoxicada.

Piense aún en el vencejo imaginado,
superior ala,
y en la tapia inexpugnable
de la infancia.

La luz de haberte avistado,
que no me asiste ya,
como en el aire que hubo,
hoy insonoro,
la risa que rió,
el eco de la aldaba.

En mi euforia periclitada,
en mi procrastinación
de ti
    pasada,
en mi adelanto fútil
que las fibras toca
de una gloria devanada,

la trama que no hay,
el raído cañamazo,
la urdimbre vana.

Distraído tímpano beodo
entre los ruidos,
ausente el yunque y el martillo,
ebria la cóclea,
ensimismado el laberinto.

Como el aviso del que falto,
a cuyo pozo arrojas displicente
los restos del sonido,
mi oreja deshabitada,
desposeído oído.

Jugábamos a sosegarnos,
porque era nuestro cumpleaños
de amor mutuo y ligereza,
a persianas que se alzan asociado,
luminosísimos paisajes nacidos esa noche
para deleite de ojos y de pájaros
que aún bostezan.

Allí volábamos,
el iris vorágine de flechas,
una sien gemela de la otra,
sintiendo cómo el tiempo atravesaba
toda frente del mundo y sus ideas,
y los barcos a la mar llevaban en las redes
la dársena del puerto y sus certezas.

Quiero ser tu cocodrilo,
el de la boca absorta,
tú mi mosca.

Quiero la coriácea piel
donde el trópico de irisación
se posa
y la trompa cariciosa
que lame la mucosa.

Quiero sumergirme inopinadamente
y arrastrarte,
soñar la charca desde dentro,
volverme lávana en las ovas.

Charco mío de mi insensatez,
donde yo procreaba,
en el que mi vida antediluviana
con ditiscos buceaba a la frontera,
a nadar de cabeza y a la inversa,
toda mi hambre imperiosa hacia los limos,
el abdomen una fuente
de babas y de huevas,
luengos mocos adherentes,
glauca fiesta.

Charco mío de mi imaginación
quimera,
de cienos múltiple y verdísimo
de eses de culebra,
adonde una golondrina arquera
venía de Áfricas
a ahogarse,
y a atravesar corazas de quitina
en lances de suicidio
y primavera.

Ya nada quiere ser yo,
se ha asustado la materia.

Ardua tarea,
me dice,
o bien: inútil,
o bien: destruye,
            arrasa
                y quema.

Ya nada a mis núcleos posibles
ni la posible frontera,
ni a mi átomo dulce,
ni a mi amarga célula.

Ya nada de la suerte
conmigo se desposa,
ni con mi ácido tuétano,
ni con mi acerba médula.

No quiere nada ser yo,
porque soy triste,
porque espanto los sueños
y hurtado me mantengo
y renuente,
indeciso,
a la infinita espera.

La luz que me falta
es la que tú te quedas,
la sombría.

La que me sobra es tuya,
faro enrabietado
que deslumbra y extravía.

Yo a tu peristalsis voy
como gusano,
ciega partícula de plancton
que a ser por tolvas succionado
dichoso aspira.

Cómeme,
ingrésame en tu tracto y vía,
que acceda yo a tu estómago
como santo iluminado
a introspección divina.

Qué pequeño eras,
y qué potente,
gran átomo,
gran sueño acumulado,
en tu barro ausente.

Qué caña recia,
breve,
la de tu trigo y siega,
fibra rubia del gorguz,
el gañote resistente.

Qué nada,
en tu eclosión primera,
embriones del aviso,
germen desperezado,
despabilado gollete.

En el fondo del lago,
la luz difusa.

Ojo velado,
par de labios entreabiertos como vulvas
que cienos ganan,
aún expulsan,
azogados,
ahogos y burbujas.

Esa mano de Ofelia que aún persigue,
ova que asciende,
el recuerdo esmerilado del oxígeno que hubo,
péndula fruta,
y el deferente sauce caricioso
en mansa orilla que se vence,
frisa y susurra.

Ser y no ser
y divisoria,
es éste el mundo del globo orbicular
tornado huevo
que escudriña la penumbra,

despide el rayo anoftalmo
que en la turbia
luz en raíces se transforma
y filamento,
sierpe que ondula,

que en el seno de algún ángel
derribado
el ala amputada de los huesos,

lánguida lávana,
convierte en pluma.

Te quiero mucho
poco,
y no te acabo de ver,
y yo no sé con quién encajo
cuando acoplo,
si me amarro,
si me amoldo.

No sé,
yo beso y muerdo y hollo
y miro en torno:
        Si me veis,
        si yo soy éste,
        inesperadamente vuelto otro.

La gente del mundo
los ojos vuelve al mundo
mareada,
nadie quiere decir en esta dársena
qué nudo habrá de desposarse,
y con qué estrobo,

ni si son las rutas condenadas,
los cabos rotos,
ni si hay siempre en la atalaya
una pena de espigón,
marinero confundido,
espeto solo.

Serás siempre mi estrella puntiaguda
que se clava y duele
 y se precisa,
con su grandísimo brillo
que quema y que restaña,
y cauteriza.

Serás siempre mi abrasión
y destrozo inmenso
y llaga decisiva
que no deseo a nadie,
que es falsa redención,
pena infinita.

En brazos de la luz,
en el moisés de dios dormido voy
como la mies,
tallo vencido.

Me lleva la corriente mansa
por el Nilo,
me peina brisa
que atusa el trigo.

La cañavera surco y desentraño,
aparto el junco,
encallo en el carrizo y desencallo,
cálamo fino.

Desengánchame de ti,
sonrisa de la tarde,
burbuja soñadora,
tamiz tupido.

No pasa nada,
hay jardines,
te quiero.

Considero tu cuerpo
como una rotundidad decisiva,
fundamental,
del mundo y el tiempo
y de lo poco
que vamos siendo.

En este día absurdo de insulso febrero
soso,
fláccido,
creo,
he creído,
que deberías saberlo.

Este día no es nada
ni significa nada,
sino otro más,
que conforma y viste el agujero.

Pero tú,
hasta cierto punto firme,
con algo de astilla y de hueso,
con algo desértico
que me deshace y conforta,
qué te diría…

eres la exigua corola,
y única,
que en la erosión se sume hermosa,

con cresta alzada
y espina florecida.

Te quiero,
te digo,
no sé si es ya la voz
un eco árido,
o es una radiante sequedad
que de las ondas viene
sola,
  perpetua,
      efímera.

Dios es de noche,
no se le ve,
hijos de sombra
para mi vientre.

Soy la madre cautiva
zepelín,
que globos pare,
que foco enciende.

Niños de la enjundia intermitente
como faros,
bocas de mucho pavor,
insonoras,
que la tormenta prenden.

Ombligos de la fulminación
en ojos invisibles
de vidrio
de las absortas serpientes.

Venid a mí,
la buena,
la mala gente,
con facas abdominales
que los naufragios ventrales
hambrientas muerden.

Dios es amor.

Me enamoré de mi novia
en un guateque.

Una luz se hallaba cerca de ti,
que te alumbraba,
de la oscuridad te extraía como si te pensara,
fogonazo de la tea,
te pariera primero y luego te bañara,
perrito salvo,
en la gloria ensalivada de la lengua.

Ombligo umbilical que va,
calostro de cometas,
esperma de bengalas,
por la atarjea,

yo te seguía,
linterna fantasmagórica,
enamorado de tu pálida
fosforescencia.

Imbornales te expulsaban,
rigurosos,
a la noche esférica.

Qué ruido es éste,
de luces,
que te asombra,
qué fulgor que te ensordece
por el monte,
buscando inopias.

Ay,
mi amor de los rastrojos,
que al tremedal te vas,
que te sumes en la tolla,
allí el hongo crece,
venerado,
y despunta pubescente la lepiota.

Lengua golosa,
mucosidad viscosa,
pringues de plétora rezuman
que embebe la babosa,
qué agua es ésta que te ablanda,
que te ensopa y que te empapa,
y vuelve amorfa.

Qué dulce idea que te infla
y te convence,
te torna mama,
globos te esponja.

Qué zumo es éste,
el agraciado,
que escancia y vierte
en honda copa
y el labio de los héroes devora,

que arrima a los pistilos
la vulva interminable de la diosa,
que en úteros emboca los licores
de un óvulo que al fondo resplandece
de estrellas
            y de fuegos
                    y de esporas.

No poder estar en ti,
que te mueves y resbalas,
no atraparte y ver tus cuartos,
interiores aposentos de la sangre
y los alvéolos,
la tamizada luz que traspone el capilar,
el redoble del latido en torno,
los ubicuos tambores,
y asomarme por los ojos a balcones de la luz,
librar la voz como ramo de vencejos
y murciélagos que corten el azul
maravillados
con taladros silenciosos y biseles,
raudas hoces.

Que surtan,
salgan,
que no regresen nunca y más se alejen
siempre,
rían,
tañan sin mí y sin nido y sin adónde,
sean seres del albur y la pasión
hacia planos horizontes,
donde el raso se derrama
informe y explayado
y manda el sol,
y un tropel de campanadas choca
inescuchada
en los alcores.

Alcanzarte al fin,
recuperarte,
cuando eres como estanque que se amansa
y descienden sobre ti
las flores que algún viento que pasaba
suspirando entre manzanos
de las ramas arrancara del jazmín.

Lánguido yacer de Ofelia entre los lotos,
párpados los pétalos del alhelí,
lávanas de lacio amor
a la cintura van livianas que al fluir
cíngulos lamen y desatan,
aliento el labio de los lodos,
la lengua el limo desleído del verdín.

Carta

Ni nunca he querido quererte
ni te quiero,
y sin embargo te escribo
y en tus tús y en tus tis
asiduamente me entretengo,
como si alguna parte de la vida o el latido,
o entenderlos,
me fuera en ello.

No,
la gran ajena,
el gran ajeno,
como a pozas,
como a vientos a vuestro amparo voy,
falso cobijo,
tormentas de mi cráneo sois
descubierto a la intemperie y el granizo,
trepanadores rayos,
cantos certeros.

Qué queréis de mí,
que así me dividís,
forzáis el seso hasta que duela
y vuele
y se disperse,
como la blanda paloma tope,
engañado,
en los espejos.

Me veo a tus pies.
Alzo la vista.
El barboquejo veo,
el saledizo del mentón,
recia cornisa.

Si yo alcanzara.

No.
La atalaya apuntada veo de los pechos,
veo el ombligo y la tripa
y el fastuoso pendejo
de fragor y maravilla.

Y veo los muslos rotundos
y el portento,
y las rotundas rodillas,
y me pregunto:

Si yo creceré,
si seré el alado,
si la sierpe que en aros espirales
se amolda al calcañar y ciñe,
escala pantorrillas.

Y te llamo,
madre del mundo,
y te clavo en el tobillo absoluto
humildísimo colmillo,
y tú sonríes deferente,
y magnánima me pisas:

Ven a mí con tus venenos,

santo demonio,
hágase en mi sangre
al fin la carne verdadera,
la putrescible,
y sus delicias.

Toma mi mano ajena,
besa mi desplumada ala
y paso por la vida.

Mi extraña sed de angustia
que a labio humano sabe y res
que allí se sacia y apacigua.

Ten este ángel,
este trozo de cielo y cuarzo
con su grieta y con su arista.

A los enfermeros jugamos,
cirujanos de la obnubilación
que con la médula jamás atinan.

Perpetuo el accidente,
amado el cuerpo todos
que un destino ha postrado en la camilla.

No me toques lo que no soy,
que así me agota,
no me convoques,
onda del zahorí aviesa
que en los subsuelos entra,
siente y ahonda.

No lo que no hay,
ni rendiré,
de esta virgen mirada
en la noche sin dueño,
varita mágica
terne y absorta.

No hay milagro,
no hay prodigio,
sino una vasta adolescencia en la ciudad,
the only living boy in Nueva York
que a la nada universal iluminada
alumbradamente anónimo se asoma.

22-2-22

De la luz dónde,
si donde ciega
y es baldía,

si donde excesivamente ve
y arde
y quema.

Si allí donde es huera
y gratuita,
nada ilumina,

si donde arranca del silencio
el grito con sus noches,
y perfora estridente mil sorderas.

Si del estambre o el pistilo,
si allí donde la antera prende
y encandila,

y donde el haz
de pólenes se incendia,
y se alza en llamas la frontera.

Labio está ocupado,
y no contesta.

Lengua de las habilidades,
que concavidades penetra.

Hálito,
resuello,
mariposas se posan en tu ceja
mientras hozas,
besas.

Luz de la tarde en desposorio con la cerda
de la rubia oruga
los bozos peina.

Terciopelo de la hora breve,
relumbra el sol que ya se acuesta
derramado en los tomentos
rojos
de baba y felpa.

Gacelas de ojos grises
miran
la pirámide vibrante,
pitagórico triángulo.

Ristra de perlas corona
el espejismo impávido.

Antílopes de la calígine
estáticos
los zigurats descifran
matemáticos.

Sol circular,
isósceles hieráticos,
cuernos simétricos dibujan
la airosa lira,
el diapasón ingrávido.

Rabia en flor,
como el beso va en el aire,
perdido el labio.

Allí tu voz parpadeante sin mi oído,
allí la luna sin mitad,
el dulce eclipse planetario.

Dolerte,
como el principio del mundo,
en vibraciones y staccatos.

Tener tu muerte eterna
entre dedos de ceniza,
y tu onda sin final en intensa peristalsis,
eco de amor,
constante espasmo.

Sólo en tu compañía
alegremente solo estoy y en los alivios,

sólo el aire limpio
que tú espiras,

inspiras.

Sólo el pulmón mío que succionas
sano es y bien respira,

que al mundo sale alborozado,
cachorrillo,

a casarse con las brisas.

Se tiende la dama en bañador
de corsé,
escote atrevido en la playa
laxa,
desierto el arenal,
cala sin gente.

Que el sol descienda y brille
en la melena agreste,
adivinen lagartos los pezones
y procuren,
escorpiones comedores de sobacos
se gocen en la braña y alimenten.

Se tiende la dama protegiendo
la entrepierna,
si no vendrán las algas a enredarse,
si no a hurgar la escolopendra
indagadora,
moluscos adventicios a prenderse.

Retira los tirantes de los hombros
la yaciente
y concede a la copa holgura
generosa,
que no ciña,
que no apriete.

Levemente muda de postura
entonces,
duna carnal,
que la nalga luzca

y sobresalga,
el pecho escore,
el muslo tiemble.

El tren de los pasajeros,
que a soledades se asoma,
en los raíles de hierro
destello de mariposas.

De espasmo sutil las alas
señales guiñan de sombra,
el tren de los pasajeros
a las barrancas se arroja.

Yo estaba aquí,
contigo,
a la escucha de la nada,

porque latía el silencio
en torno,
como diapasón vibraba.

Yo inventaba los labios,
tú la voz
para decir la palabra.

La garganta ya venía,
el beso aún hervía
en su caldera encarnada.

Si se me diera,
compañero,
pinochas y cascajos,
matojo crespo.

Si en rastrojo las señales,
si la vara,
espuela y púa
del buen tormento.

Si tú quisieras,
compañero,
espina de los abrojos,
rosales del escarmiento.

Limpio serás tú,
como ángel hueco.

La longitud de la ballena
a los barcos me recuerda
que surca,
desposeída del lastre de los pesos,
el fieltro fino
del reverso de los sueños.

Sólo si tú te acuestas
yo congenio con la tierra,
que tú endulzas,
rasas borradora con la plana de los dedos,

que fueron míos.

Suelta tus manadas,
y vengan tus tropeles a mi suerte.

Limpio,
ligero serás tú del lápiz despuntado
que rinde su color a los plumieres.

La ascensión a las nucas,
camino de tu espinazo.

La trocha del cerebelo seguí,
me acosté sobre tus lomas
y abracé los diámetros,
que a mis entrañas vinieran
los calores de la arcilla,
el crepitar de los cardos.

Cuando a los campos salí,
después,
y a la ventura,
ya iba manchado.

Se me decía,
al notarme:
"con esos barros".

Son los de la vida y la muerte,
yo advertía,
no los barre el agua,
mancillo yo con ellos
la esperanza de los lagos.

Culpa de haberte leído
en tumbona y frente a playa.

Culpa de tu suerte y gracia,
los dedos del viento,
curioso,
pasaban página.

Soplaban la hoja
y se iban,
me dejaban con tu historia
de arenas desgranadas,
de tiempo que a los mares va,
reidor de ala y gaviota,
desamarrado de barcas.

Culpa de estar contigo
en soledad,
cuando el mundo se retira,
el fuego prende,
la noche llama.

Cuento pequeño de un momento de gracia

No aguantabas mi paso regular,
demorado,
de un cabo al otro de la playa,
y en torno rebullías,
y retozabas.

Tú levantabas la arena,
yo la pisaba,
yo recibía el sol,
tú lo burlabas,

mi veleta,
mi astro girador,
mi órbita pequeña
de locura,
que yo amaba.

De un confín a otro,
abarcadora,
la medida de mi mirada.

Te detenías.
Yo sentía tu súbito silencio
y pausa,
tu diminuto reposo,
la quietud blanca.

Ven,
que te acaricie,
te decía,
sin tu bullicio este mundo
no es nada.

Estar contigo.
Solamente.
Y con la cama.

Ver la luz de los sanos
tras las cortinas diáfanas,
y cómo viertes el remedio
en la cuchara.

No mirarte a los ojos
casi nunca,
por no ver el dolor
y la llama.

Y tenderte,
a veces,
la mano,

por sentir
en los dedos
el roce gentil de la barca.

Tu cabo y vela,
ese irnos a los mundos,
dulcemente atados,
por la ventana.

En motocicleta los chicos se estrellan,
ríen,
derrapan.

Parecen dentaduras,
qué manos
de aferradoras flores tienen,
qué locura joven
de romper los muros
que boquetes por atajos descalabran.

Chicos de la desolladura feliz
a los aires disparan,
sempiternamente incólumes,
salvas de carcajada.

I

Como si tú hubieras venido,
todo callaba,
como dos ojos abiertos,
y el silencio atendía
como ventanas,
contenido el potro del aliento.

II

Pensar en ti,
ese juego sin fondo.

Estar donde yo debería haber sido
y habitado,

júbilo y nervio
del simún y del siroco.

Jinete de los mongoles
potros,

que lúcidos recorren
las bocas desbocadas,

las híspidas desolaciones,
los rapados territorios.

Similar a ti
y esperándote mucho,
como el niño en los vagones
céleres,
a la espera de estaciones,
que ve pasar el mundo.

Entretanto el campo que no cesa
y un hilar y deshilar de altos azules,
el cielo es una herida que recosen
los chillidos aguzados del vencejo.

Simétrico a ti tras los cristales,
jadea el ansia de estos ojos
como jaulas,
quién rompiera la frontera
y en las lomas con lagartos
se cayera en el estrépito.

Te rocié de magia,
igual que un ojo pierde
el párpado.

Jardinero era yo de los eriales,

tu pupila la trufa denegada,
que yo hozaba,
marrano del averno

en altos encinares.

Rey que me importa a mí
y territorio,
cuentos de poder en polvo
se dirimen
de la roja arcilla
y de los tozos.

Tesos del ardor en yelmos
prominentes
refulgen del abrojo,
reino del cardo e imperio
en testuces se discute
del encono.

Ven a mi esternón
de la ancha furia
que en loca locura de los potros
los muros tumba,
los ripios desperdiga
y descalabro en torno.

Con gran redoble de los llanos
por taludes van
trescientos toros,
embisten terraplenes con pitones
y derrotes
de luces y de rayos sin reposo.

Reinos del ansia y gloria
que me incumben,
vendaval de aulaga y tojo,
el himen rasgan de la tarde
intensos lirios,
la vara exasperada del gladiolo.

En la noche sagrada,
cuando ya te hablo
y es imposible que me escuches,
en el alto elevado de mi voz
flamígera,
hecha de espadas de rescoldos,
y de últimos tizones,

cuando el ascua es un ave que transita
por regiones
en que torna el aire espeto
enmudecido,
y se clava en el vacío la brújula novicia,
que es de nortes inexperta,
y a silencios llama grito.

Apareciste y levantaste el brazo,
inclinado el dedo hacia abajo,
no obstante,
y pensé yo en la felicidad posible
en ese instante:
      Acariciar el dilecto pezón,
      beber con los amigos,
      soltar los perros a correr por esos parques.

Giraste,
al modo de las órbitas,
lejanos bailes,
y yo vi tu par de nalgas platónicas
próximas
      y esféricas,
sideralmente inalcanzables.

Y eché al aire esta mano de alas
y de nortes,
si fueran posibles las infancias,
pensé,
independientemente de los niños,
ilusos bucaneros,
y aún más inconsolables.

Llevabas una medalla en el pecho
en que el sol se reflejaba.

En la plaza,
donde el aire se citaba,
volaban las palomas
sin viento,
merced al batir de las alas.

Llevabas un ombligo en la cintura,
por donde la vida mana.

Dios no tiene,
dios no sangra.

De arcilla brotaba la grama
como vello de la tierra,
dedos secretos,
y las flores de lo oscuro,
como suelen los latidos,
al encuentro de las luces apuntaban.

Recostarme,
echar atrás la cabeza,
almohadilla que la nuca reciba
como sillón del peluquero.

Que me corten las venas,
los remolinos,
ris ras,
y el cerebro.

Ris ras,
la vista de los ojos,
las amígdalas del habla,
el silbido acompasado del resuello.

No quede nada,
ris ras,
la memoria se extirpe del recuerdo.

Me sienta por fin volar,
falto de mí,
y tan ligero.

Cuando tu alegría venía a mí
como los perros,
tú,
sumo cachorro de mis cielos,
y entre los dos hacíamos la euforia,

como un mar alborotado
que avista tierra,
como un aire en espiral
a sí mismo se pierde,
encuentra,
y helicoidal se enamora,

tú me decías Chagall
                    que vuela,
y yo Van Gogh
                de furia roja,
así íbamos,
meteoros,
pincel de llama por los lienzos,
sordera de firmamentos,
etéreas bodas.

Cuento pequeño del encuentro

Hombre,
    chaval,
        cuánto hacía,
bueno,
    y qué haces,
nos saludamos,
zarpaba el bar
y se iba a la deriva.

Y qué es de tu vida,
sufrí palmadas,
        velas,
           vientos,
el barrio desamarraba,
crecían musgos de los besos habidos,
reverso de las caricias.

Tapias que recibieron espalda,
manos de verja atendida.

Me acordaba de ella,
de ti infinitamente más joven,
delgado como de estambre,
cintura de gavillas,
del encintado breve,
de hallazgos a escondidas.

Bueno,
  hombre,
    y cómo te va,
la veía en horizontes
de estanterías,

donde temblaba el ron,
la caipiriña,

allí,
muy lejos,
sonriente,
en la otra orilla.

En querencia del bruto reposamos,
que al sol por fin abría los ollares,
después de la escalada y trashumancia
en alto prado,
las navas del respiro.

Allí el crocus malva,
rubio pistilo,
el pétalo ofrecía entre las bostas
de las vacas,
corujas se casaban con narcisos.

Bestia que puso a volar la recia brama,
ronco mugido,
testuces a la cúspide apuntaban,
la sangre espesa,
el santo kilo.

Romperte,
como el niño el último juguete,

chapa de las tartanas,
astilla de los plumieres.

Resuenan hojalatas
por terraplenes,

en los dedos los cepos de tocarte,
en los ojos tirachinas de no verte.

Tu voz,
que no se parece a ninguna
menos a la que yo quise,

los miles de millas,
las miríadas que en los ecos se repiten,

tu inmensa voz sola,
que es la mía,

que de mi tímpano parte,
y mis sorderas conquista.

Tú y yo en las tiendas,
campamentos de la altura.

Lujo de las estrellas
innumerables
en tu ahogo
mío,
anchuras anchas
de airosas angosturas.

No vengas,
mi hambre,
y no acudas,
dolor punzante
de las dóciles dulzuras.

No a los hímenes,
no a las puntas,
no a aerostáticas premuras.

Lo que tú decías

Se hizo la noche cuando el sol prometía.

Mirlos avisaron de la luz cumplida.

El frío ahuyentó la hora de la delicia.

Dedos se separaron que antes se unían.

El sauce de la nuca se estremecía
al leve soplo de la última caricia.

A nada sabe el beso de despedida.

Hola es adiós.
              Lo que tú decías.

Os vais.
No dejáis ni el eco de la palabra,
ni la alegría de haber sido,
ni la onda estruendosa
de la abrupta carcajada.

Os vais,
jóvenes,
como una mochila que en autobuses viaja,
no dejáis en la ventanilla siquiera
aquel vaho de cristal,
ni el viento de la mirada.

El día en que tú también te vencías,
como algunos árboles
al tierno modo se inclinan.

Si las hojas son las lágrimas,
si son los ojos las hojas,
si las yemas las sonrisas.

Pétalos a mis labios venían
como dedos de libélula
montados en la brisa.

Si es el aire entre las ramas
un lamento,
si es el lamento caricia.

Sol tendremos
cuando dios lo haga,

son las nubes hermosas
la celestial almohada.

Yo volé como los aviones
que sobre cirros cabalgan,

dios era el tiempo
de la barba blanca.

Duerme,
amor mío de cabeza recostada,

te avisaré yo
cuando anuncien la llegada.

Yo jugaba a cerrar tu ojo
como si fuera el mío,
y a besarme,
como si tu lengua fuera la mía,
y a tenerte desde mí,
yo,
por si en ti me descubría.

Ovillo de los gatos,
madeja que nos unía,
cuando tú por mí viajabas
disfrazada de sangre,
y yo a tus ahogos corría,
cazamariposas del aire,
por morirme en tus asfixias.

Por ti en los bancos,
que ya venías,
por ti en manos del tiempo,
yo conmigo
en el centro de los parques.

Yo y la rata y los arriates
y los setos y magnolios
y la luna sonriente
de la gracia de aguardarte.

Yo y las rejas,
ojos circuncidados
de farolas expectantes.

Templado,
vientre que sea el tuyo.

No correr,
sorber los zumos mirando
al horizonte desnudo,
privilegiado,

en el que el sol,
rodando,
se ofrece al mundo.

Hacerlo nuestro,
ojos adentro,
mientras nos damos la mano.

Decir algo exquisito,
no,
callar,
que el silencio permanezca puro,
inmaculado.

Al saber de ti,
mandé los pájaros.

Por las llanuras y páramos
y por las vegas,
tomaron respiro entre los álamos.

Al saber de ti,
cuestas que llevan a acantilados.

Meandros de la suerte,
abejarucos,
y en las hoces los regatos.

Ya no me quieres,
como las estaciones pasan,
vientos del polo,
dunas de Arabia.

Yo tengo todo el azul del mundo
en las alas
como el sagrado ibis,
cigüeña blanca.

Nada sucede,
las nieves se derriten
y el agua medra,
flota la barca.

Ediciones Vitruvio

Colección Baños del Carmen

Últimos libros publicados:

Mil años de poesía (1000-2000), número mil de la colección Baños del Carmen

Autobús nocturno, de Luis Machuca Moreno

Donde nadie dirige la mirada, de Fernando Fiestas

Siempre promete amanecer, de Ignacio Eufemio Caballero

Recuento de ilusiones, de Norberto Garcés

Y la que escucha no es ella, de Silvia López Ripoll

La levedad, de Cristina Liso

La niña que ha sembrado la tierra del poema, de Josela Maturana

Despacio y tiempo, de Angie Expósito

El agua en la mano, de Félix Recio

Parábola entre parabólicas, de Pablo Villa

Centinela del viento, de Daniel López Acuña

Guiñol, de Pedro López Lara

Historias encontradas, de Domingo Luis Hernández

El gozo cumplido, de María José García Mesa

Postales del norte, de Juan Gil Bengoa

Obra poética incompleta, de Yong-Tae Min